ESSAI

SUR

LA SYMBOLIQUE DU DROIT :

DE L'USAGE DE PENDRE LA CRÉMAILLÈRE,

PAR

J. SIMONNET,

DOCTEUR EN DROIT.

(Extrait des Annales de l'Académie de Mâcon).

MACON,
IMPRIMERIE D'ÉMILE PROTAT.

1861.

LA SYMBOLIQUE DU DROIT

EN 1860;

QUELQUES MOTS SUR L'USAGE DE PENDRE LA CRÉMAILLÈRE.

Nous nous proposons de rendre compte d'un fait qui s'est déroulé, il y a quelques mois, devant le tribunal correctionnel de Mâcon; chacune des circonstances constatées dans le débat paraissait appartenir à un autre siècle et se rattache à d'antiques traditions. Les membres d'une famille du Mâconnais, dont le chef s'était ruiné, se persuadèrent qu'au moyen d'une prise de possession symbolique des propriétés, ils pourraient recouvrer leur patrimoine, au préjudice du propriétaire auquel il avait été régulièrement adjugé. Pour bien comprendre la portée de leurs actes, il est nécessaire de se reporter aux principes de la symbolique du droit.

Le symbole est, en général, une représentation, un acte ou un signe destiné à frapper l'imagination et à rendre sensible l'idée qui y est contenue. C'est ainsi que la métaphore, dans le discours, renferme un sens propre et un sens figuré. « Tout le monde connait, dit M. Michelet, » les actes légitimes des anciens romains, les cérémonies » bizarres avec lesquelles s'accomplissaient les principaux » actes du droit. On sait que la *denunciatio novi operis* » se faisait en lançant une pierre contre le mur indûment » élevé; que, dans la *vindicatio,* on apportait devant le » Préteur une motte de terre prise du champ en litige. » (1)

(1) *Origines du droit. Introduction.*

Notre intention n'est nullement de passer en revue toutes les formules relatives aux transmissions de propriété ; ce sujet a été traité dans des livres curieux, consacrés soit à l'histoire, soit à la symbolique du droit. Nous devons nous borner à quelques remarques indispensables, pour faire comprendre notre pensée aux lecteurs les moins familiers avec ces matières. Deux observations générales ressortent de l'étude de la symbolique : d'abord la nécessité pratique du symbole dans les rapports civils, nécessité qui se traduit dans ce fait que le symbole a été d'un usage général chez les peuples les plus divers, tant que les actes écrits n'ont pas pris la place des actes figurés. En second lieu, on remarque que plus la science du droit positif, plus le droit écrit fait de progrès, plus aussi le symbole tend à disparaître ou à devenir inintelligible. Un seul exemple bien connu nous servira de texte.

L'auteur du grand coutumier de Charles VI explique dans les termes suivants les formalités imposées à la veuve noble qui renonçait à la communauté. « ...Ont d'usage, » écrivait cet auteur, si comme le corps est en terre, de » jeter leur bourse sur la fosse et de ne retourner à l'hôtel » où les meubles sont, mais vont gésir autre part... » Le chroniqueur contemporain Monstrelet rend compte plus complétement encore des circonstances de la renonciation que fit, sans scrupule, la duchesse de Bourgogne, après la mort de Philippe-le-Hardi, plutôt que de rien distraire des immenses domaines de sa maison : « La » duchesse Marguerite, sa femme, renonça à ses biens-» meubles, pour le doute qu'elle ne trouvât trop grandes » dettes, en mettant sur sa représentation sa ceinture avec » sa bourse et les clefs, comme il est de coustume... » (1)

Aujourd'hui, l'article 1457 du Code Napoléon prescrit à la femme qui renonce de faire un inventaire des biens de la communauté et de faire au greffe du tribunal une déclaration de renonciation.

(1) Liv. I, ch. XVIII.

Or, l'accomplissement de cette dernière formalité suppose l'habitude générale de constater les conventions par écrit, l'usage des actes publics, l'existence d'un greffe ou dépôt établi dans une circonscription peu étendue, accessible aux justiciables..... Qui ne voit que ces diverses conditions ne peuvent être réunies que dans un siècle très-éclairé, où l'organisation politique, administrative et judiciaire est déjà très-développée? Et même alors que tous ces progrès sont accomplis, la femme qui se conforme aux prescriptions de notre loi moderne et qui fait constater régulièrement son intention de rester étrangère aux dettes de la communauté donne-t-elle aux tiers toutes les garanties que l'ancien usage leur assurait? La situation de la veuve est-elle aujourd'hui aussi notoire, aussi nette qu'elle l'était lorsque, en présence de toute la famille, elle se dépouillait sur le corps même de son mari et abandonnait la maison commune?

On saisit du premier coup d'œil la différence des temps : le cérémonial rapporté par Monstrelet a été imaginé d'abord (et ceci n'est pas de notre sujet) afin de rendre les renonciations plus pénibles et plus rares, puis afin de rendre très-notoire la situation de la veuve ; il a été créé nécessairement, spontanément; le symbole est parlant : « La femme jetait les clefs pour marquer qu'elle » n'avait plus l'administration des biens qui avaient été » communs, et qu'elle abandonnait la part qu'elle y avait. » Et elle jetait sa ceinture avec sa bourse, pour marquer » qu'elle ne retenait rien des biens communs ; car, an- » ciennement, les femmes ne portaient pas seulement leur » argent dans leurs bourses qu'elles nommaient *aumos-* » *nières*, mais aussi dans leurs ceintures... » (1)

Les faits qui nous ont suggéré l'idée d'écrire cette courte dissertation présentent le même caractère de simplicité. La principale qualité du symbole, ainsi que l'a fait remarquer avec raison M. Chassan, est d'être en rapport

(1) Laurière sur Loisel (I, II. N° xxx).

direct, peu éloigné du moins, avec l'objet représenté : plus les hommes auxquels elle s'adressait étaient grossiers, plus cette manifestation du droit devait être expressive ; autrement, la perspicacité publique eût été en défaut et le but du langage symbolique n'eût pas été atteint (1).

Nous avons dit, en outre, que la nécessité d'un pareil langage était démontrée par son universalité même. Que certains peuples et certains âges de l'humanité aient une propension plus marquée que d'autres à créer, à développer ou à conserver des actes figurés, il est impossible de le nier. L'Allemagne, en particulier, est inépuisable en traditions de ce genre. Mais, en même temps, on peut affirmer que le symbole est cosmopolite, et qu'il s'est développé partout avec plus ou moins de richesse et de fécondité. D'ailleurs, il n'a pas seulement pour objet de remplacer le langage parlé et l'écriture, aux époques primitives, ou de frapper plus fortement l'esprit des témoins par une représentation plus vive et figurée de la convention. M. Chassan a fort bien vu que la véritable source du symbole est dans la nature intime de l'homme, dans son penchant pour les images, pour la représentation des objets au moyen des signes qui parlent aux yeux. La preuve en est que l'usage s'en perpétue chez la plupart des peuples, alors même que la nécessité du langage figuré a disparu, que l'écriture est devenue le moyen de preuve par excellence, et que le sens même de ces métaphores en action s'est altéré. L'esprit humain trouve un charme secret dans l'usage des fictions qu'une longue habitude a fait pénétrer dans ses mœurs et dans ses croyances ; il s'attache aux choses contemporaines du berceau de la civilisation, et un acte lui paraîtrait manquer de solennité et de vertu s'il n'était pas revêtu des formes traditionnelles qui ont pour elles l'autorité du temps (2).

Ceci dit sur l'origine psychologique du symbole, nous n'avons pour constater son universalité, son caractère

(1) *Essai sur la symbolique du droit*, p. 12.

(2) Chassan, p. 304. — *Philosophie et nationalité des Symboles.*

cosmopolite, qu'à ouvrir les *Origines du Droit français*, de M. Michelet. L'Inde est la patrie du symbole ; en Judée, où la législation le repousse, il pénètre dans les mœurs avec certaines superstitions idolâtres ; la Grèce, qui dédaigne la nature comme étant en dehors de la cité, ne parvient pas à l'exclure complétement ; il se développe davantage en Italie ; il abonde chez les Scandinaves, les Germains et les Celtes. Au Japon, en Afrique, on trouve les épreuves judiciaires, le jugement de Dieu..... (1)

En un mot, alors même qu'il est repoussé par l'esprit d'une législation, le symbole s'y fait place dans quelques usages. L'envahissement du rationalisme dans les lois et de l'écriture dans les rapports civils tend à restreindre successivement son domaine ; cette deuxième observation n'exige pas plus de développements que la précédente. Quelquefois les symboles matériels dégénèrent en un simple droit fiscal, et le sens réel se modifie ; souvent, il ne laisse pour trace qu'un seul mot, comme les expressions *saisie-brandon, brandonner*, qui rappellent les formalités primitives au moyen desquelles était annoncée, puis consommée la saisie des récoltes du débiteur. Les législateurs proscrivent les figures pour les remplacer par un texte clair, sans équivoque possible. Justinien ne parle qu'avec dédain des traditions de l'ancien droit romain : *antiqui juris fabulas*. Le roi Jean, dans une ordonnance de l'année 1350, qualifie les anciennes formes du serment de *frivola et inania* (2). Mais, souvent, malgré ces proscriptions, les usages se conservent dans les populations, ainsi que nous le verrons, et le jurisconsulte ou l'historien ne doit pas les dédaigner, sous peine de perdre l'intelligence des faits qu'il rencontre sur son chemin.

Ces préliminaires nous ont paru indispensables, afin de préparer le lecteur à l'intelligence du document qui fait l'objet de cette courte étude ; cependant, avant d'en venir à notre texte, que l'on nous permette une dernière consi-

---

(1) *Origines du Droit français ;* Introduction, p. LXXVII.
(2) Chassan, p. 320.

dération : s'il est un axiome proclamé par tous les auteurs qui ont traité de la symbolique du droit, c'est que le droit français est particulièrement hostile au langage figuré, à ces formules que le droit germanique accueille, au contraire, avec tant de complaisance. Quelle que soit la cause de notre pénurie à cet égard, le fait est indubitable. Il est possible que notre race ait eu moins d'aptitude naturelle que les autres pour le symbolisme ; en tout cas, notre droit indigène, les usages celtiques ont été constamment sacrifiés au droit étranger, et, de bonne heure, nos jurisconsultes ont méconnu les sources originales pour faire des emprunts à d'autres législations. En parcourant nos anciens auteurs : les *Etablissements de St Louis*, le *Conseil* de Pierre Desfontaines, et la *Somme rurale* de Bouteiller, on voit, en effet, que les compilateurs ont surtout puisé dans les recueils du droit romain et du droit canonique, et qu'ils se sont rarement inspirés des traditions nationales. Il en résulte, dit M. Chassan, que le symbole, quand nous le rencontrons, a pris un vêtement étranger.

Soit que l'on adopte cette opinion, soit que l'on préfère celle de M. Michelet, suivant lequel le caractère de notre nation, aussi bien que l'esprit de nos légistes, serait essentiellement anti-symbolique ; en d'autres termes, soit que le symbole n'ait pas pu naître ou se développer sur le sol gaulois, soit qu'il y ait été étouffé par des éléments étrangers, les actes figurés ont dû être plus rares que dans d'autres contrées. Nous devons donc nous estimer d'autant plus heureux que le hasard nous ait permis de recueillir, dans un siècle éminemment prosaïque, quelques vestiges de l'ancien symbolisme.

Le 12 mars 1860, la gendarmerie de T.... rédigeait le procès-verbal suivant, que nous reproduisons fidèlement, *in terminis* (1) :

---

(1) Le fait dénoncé se passait le 9 mars, d'après la déposition du propriétaire.

« Nous (1)...., certifions avoir été informés par le sieur X., propriétaire à P...., commune de St-L., et par le garde champêtre de ladite commune, que quatre hommes et deux femmes s'étaient permis, en l'absence de son meunier et de sa femme, le nommé V...., de pénétrer dans sa maison et d'arracher la crémaillère qui était pendue à la cheminée, la jeter dehors et en placer une qu'ils avaient portée. Cela fait, ils avaient pris le poêle, les tables et les chaises du meunier, et ils avaient tout jeté dehors; voulant également mettre le lit à la rue, la femme du meunier s'y était refusée. Sur son refus, ces six individus lui avaient donné vingt-quatre heures pour déménager complétement. Cela fait, ils ont été baisser les empellements des deux moulins pour les empêcher de moudre, et l'empellement de la scie à eau pour l'arrêter. Cela fait, ils se sont rendus à une chambre occupée par le sieur X., propriétaire du moulin. Ils ont demandé à la femme X. la clef pour entrer dans la chambre; sur son refus, ils se sont mis trois, armés d'un morceau de deux mètres de long sur soixante centimètres de circonférence, et ils ont enfoncé la porte, en forçant la serrure et brisant le loquet. Cela fait, ils sont entrés tous six dans la chambre; ils ont enlevé lit, table, chaises, meubles, livres et papiers qu'ils ont jetés dehors, dans un temps de neige le plus abominable. Cela fait, ils ont été arracher les planches du sarroire, en démolissant le plancher, dégradant les clôtures pour avoir du bois. Ils ont éclairé du feu dans la chambre du sieur X., en faisant brûler les planches; ils se sont installés maîtres dans la chambre, et c'est la femme du cantonnier qui leur a apporté à manger.....

» Nous nous sommes présentés dans la chambre où étaient ces six individus qui entouraient le feu en se chauffant.

» Nous leur avons demandé pourquoi et comment et de quel droit ils se permettaient de faire fracture et violer

(1) Les gendarmes rédacteurs.

le domicile de deux citoyens, en y entrant par force et jetant le mobilier dehors.

» Ils nous ont répondu qu'ils avaient des droits et qu'ils étaient chez eux, et ils nous ont avoué avoir tout fait ce qui est désigné dans le corps du procès-verbal, et que tout cela avait été fait en présence du garde champêtre qu'ils avaient requis de les accompagner ; que les 5 et 7 courant, ils avaient été le prévenir de se tenir prêt. » (1)

(Les gendarmes constatent ensuite que les six inculpés se sont retirés sur leurs injonctions).

Ils furent poursuivis pour bris de clôture devant le tribunal de Mâcon, et condamnés, le 16 avril suivant, à diverses peines d'emprisonnement. A l'audience, le propriétaire, victime de cette singulière agression, rendit compte des faits consignés dans le procès-verbal de la gendarmerie, et y ajouta quelques nouveaux renseignements qui complètent les précédents.

Dans les premiers jours du mois de mars, la veuve B., accompagnée de quelques-uns de ses enfants, s'était présentée à la porte de la cour du moulin, qu'ils avaient trouvé fermée ; ils avaient fixé un clou dans la porte, et, après y avoir accroché une crémaillère et une marmite qu'ils avaient apportées, ils avaient allumé du feu dessous. Les enfants s'étaient ensuite transportés sur des terres qui avaient appartenu à leur père et y avaient donné plusieurs coups de pioche.

Lorsqu'on leur demanda pour quels motifs ils avaient agi ainsi, ils répondirent : « C'était le seul moyen qui nous restât d'obtenir justice..... »

En effet, ils étaient persuadés que le nouveau propriétaire du moulin et des terres dont il s'agit les détenait indûment à leur préjudice. Cependant, le sieur X. s'en était rendu adjudicataire, à la barre du tribunal dès l'année

(1) Le garde champêtre déclara à l'audience qu'il avait effectivement accompagné les prévenus, mais qu'il croyait n'avoir été mandé que pour assister à des pourparlers.

1846, et il avait payé le prix de ces propriétés à la suite d'un ordre ouvert sur le chef de la famille B.

Deux autres documents prouvent surabondamment que les auteurs du délit se proposaient de rentrer en possession et de devenir légitimes propriétaires ; nous lisons, en effet, dans une lettre de recommandation, écrite afin de justifier leur conduite :

« C'est dans le but de revendiquer la propriété de leur père qu'ils ont agi ainsi, observant qu'ils étaient pauvres et qu'un avocat de Lyon leur avait donné ce conseil. »

Enfin, une lettre adressée en leur nom, le 10 mars, à la Préfecture du département, s'exprimait en ces termes :

« Il y a environ quinze ans, nous avons été spoliés de nos biens patrimoniaux d'une manière qui nous paraît injuste et illégale.....

» En dernier ressort, et bien convaincus que la propriété paternelle nous appartenait, nous sommes allés déloger ceux qui l'habitaient. »

Ils ajoutent : « Que la force publique n'ait pas à nous troubler chez nous. »

Ils supposaient, par conséquent, que leur père ayant été dépossédé injustement, ils avaient les mêmes droits que lui, en qualité d'héritiers, et qu'il était indispensable de les conserver, en faisant acte de possession sur les immeubles patrimoniaux.

Nous avons à nous rendre compte des raisons de droit qui, *dans leur pensée,* pouvaient justifier leur procédé, puis nous analyserons chacun des actes auxquels ils prétendaient attacher une certaine efficacité.

Ils s'imaginaient très-probablement qu'en s'installant dans l'habitation du propriétaire X., ils le mettraient dans la nécessité de les attaquer ensuite en justice et de prendre le rôle défavorable de demandeur, tandis qu'eux-mêmes ils conserveraient celui de défendeurs. Nous n'avons pas besoin d'ajouter qu'ils se trompaient évidemment sur le résultat de leur démarche, mais nous ne pouvons expliquer d'une autre manière leurs intentions ; celui qui leur avait donné conseil était sans doute pénétré des maximes et des traditions de notre ancien droit français sur les avantages de la possession, sauf à en faire une application intempestive. Tout le monde connaît la maxime : *Possession vaut moult en France*. Et ce brocard de droit : « *Qui possidet et contendit, Deum tentat et offendit.* »

« En toutes saisines, écrivait l'auteur du *grand cous-*
» *tumier de Charles VI,* le possesseur est de meilleure
» condition, car jaçoit qu'il soit moins fondé suivant le
» droit et qu'il n'ait que possession telle quelle, toute-
» fois, si le demandeur son adversaire ne prouve son droit,
» la saisine sera adjugée au possesseur. » (1)

Or, comme les héritiers B. étaient persuadés que celui dont ils envahissaient la propriété ne pouvait se prévaloir de droits aussi fondés que les leurs, ils comptaient se trouver ensuite inattaquables. En effet, ils étaient héritiers. Voici en quels termes Britton, jurisconsulte anglo-normand, mort en 1275, définissait les priviléges attachés au titre de successible : « La saisine de chescun dreit heir
» est si tendre que le metre del pée seulement en le chief
» mée de son héritage, souffit pour frank tenement... »
Ainsi, le droit du successible était si favorable, si *tendre*, qu'il lui suffisait de mettre le pied sur le principal immeuble pour avoir tous les droits attachés à la pleine propriété, et le jurisconsulte ajoute : « pourvu qu'il ait trouvé l'héritage vacant. »

Il semble que les auteurs de l'agression du 9 mars aient voulu se conformer de point en point au texte de Britton. En effet, c'est en l'absence du propriétaire qu'ils se sont présentés, à deux reprises, à son domicile ; sans se préoccuper d'une autre maxime de droit, *spoliatus ante omnia restituendus*, principe que leur aveuglement leur a fait méconnaître, ils ont cru qu'il leur suffisait de faire, pendant quelques instants, acte de propriété, sans trouver d'opposition effective, pour se procurer le bénéfice de la possession que nos anciens jurisconsultes appelaient *la saisine de droit*.

(1) Livre II, chap. XXI.

Nous voyons, d'ailleurs, qu'ils attachaient une grande importance à faire constater leur installation dans la maison : ils avaient prévenu à l'avance le garde champêtre, et cet agent de l'autorité était présent, lorsque sont survenus les héritiers B. C'est à l'autorité préfectorale qu'ils s'adressent pour demander que la force publique ne vienne plus les troubler ; tout indique qu'ils ne croyaient pas pouvoir être inquiétés autrement que par une décision de la justice civile.

Arrivons maintenant (et c'est ici la partie la plus importante de cette notice) aux moyens qu'ils ont employés afin de se procurer la saisine de leurs anciennes propriétés.

Leur conduite dans les premiers jours du mois de mars présente des particularités aussi intéressantes que leur deuxième démarche. On se rappelle que, la première fois, ils n'avaient pu entrer dans le moulin du sieur X, dont ils avaient trouvé la porte fermée. Ne pouvant donc réellement prendre possession de l'habitation, ils avaient voulu suppléer par des actes fictifs à l'occupation matérielle de l'immeuble. Ils avaient accroché leur crémaillère à la porte et fait du feu sous leur marmite. Cette façon d'agir achève de démontrer quelles étaient leurs véritables intentions. S'ils n'avaient eu d'autre but que d'entrer dans le domicile de X, de jeter ses meubles dehors et de se retrancher dans le moulin, pourquoi se seraient-ils munis d'une crémaillère et d'une marmite ? Pourquoi s'en seraient-ils servis en plein air ? C'est que, dans leur pensée, leur prise de possession n'eût pas été complète s'ils n'avaient pas allumé effectivement du feu dans la cheminée : accompli le 9, en présence du garde champêtre qu'ils avaient mandé, cet acte leur paraissait le complément nécessaire de leur démarche. Il faut qu'ils l'aient jugé tout à fait indispensable, car pour avoir du bois ils ont arraché quelques planches de la boiserie et du plancher.

Nous savions bien que beaucoup de personnes qui tiennent à conserver les anciennes coutumes ne manquent pas de convier leur famille et leurs amis lorsqu'elles installent leur ménage dans un nouveau domicile : c'est ce que l'on appelle *pendre la crémaillère*. Nous voyons ici que cette expression n'est pas seulement une figure, qu'elle avait sans doute autrefois un sens plus profond et tenait à cette ancienne idée que l'on n'est pas en possession définitive de son logis tant que l'on n'y a pas fait du feu, au vu et au su de nombreux témoins. En donnant des coups de pioche dans les champs dont ils voulaient évincer le propriétaire, ces individus en prenaient possession au moyen d'une figure, d'un symbole, aussi bien approprié à la nature de l'immeuble rural que l'étaient la crémaillère et le feu par lesquels ils prétendaient se mettre en saisine de l'habitation.

Quelques rapprochements empruntés à l'histoire du droit et à diverses sources anciennes achèveront de démontrer qu'ils étaient, en agissant comme ils l'ont fait, très-fidèles à la tradition. Nous reviendrons successivement sur chacune des circonstances que nous avons rapportées.

En appliquant, le premier jour, leur crémaillère contre la porte plutôt que contre la muraille, ils croyaient que la porte était plus particulièrement la représentation ou l'expression réduite de la maison tout entière. La même pensée se trouve dans de nombreux exemples empruntés aux formules du droit barbare : dans les formules CLV et CLVI de Lindenbrog, relatives à la tradition d'une maison donnée ou vendue, nous voyons qu'elle a lieu : « *per portas et per ostia... consignavit, tradidit et vestivit.* »

« *Per ostium et per anatalia, per herbam et vitem...* »

M. Michelet cite d'autres exemples d'investiture par le seuil de la maison ou par les gonds de la porte ; Bracton, jurisconsulte anglo-normand, faisait de ce mode d'investiture une condition de validité de la tradition (1). Ce symbole était quelquefois réduit à sa plus simple expres-

(1) *De legibus et cons. angl.* II, 18.

sion, lorsque, suivant Grimm, pour consommer la vente d'une maison, le percepteur enlevait un copeau du poteau de la porte, et le déposait entre les mains du nouveau possesseur (§ 172).

D'après nos anciennes coutumes, le sergent qui procédait à une saisie pour défaut de payement du cens dû au seigneur, barrait la porte de la maison ou l'abattait, en signe d'expropriation.

Quant à la prise de possession d'une terre en donnant quelques coups de pioche dans le champ, M. Chassan nous en fournit un exemple très-remarquable pour la Normandie. Nous savons d'ailleurs (un très-grand nombre de citations données par Ducange en font foi) que la tradition d'un domaine se faisait par la remise d'une motte de terre ou de gazon tirée du fonds même. La revendication, dans l'ancien droit romain, se faisait devant le Préteur, sur une glèbe empruntée à la terre en litige et dont elle devenait le symbole (Aulu-gelle, 20, 10).

« En Normandie, écrit M. Chassan, les huissiers, même de nos jours, quand ils prennent possession d'un fonds de terre, ont coutume de donner plusieurs coups de pioche dans le sol, en cassant en même temps une ou plusieurs branches sur les arbres plantés dans le fonds. Si, au contraire, il s'agit d'une maison, ils constatent la prise de possession tantôt par le bris de quelques carreaux de vitres, et tantôt par la rupture de plusieurs briques dans les appartements.

» Voici un procès-verbal dressé le 18 novembre 1840, qui contient la plupart de ces actes symboliques.

« J'ai (en présence des susnommés) déclaré prendre » possession (de ladite masure), au nom de ma requérante, » laquelle prise de possession a été marquée et constatée : » 1° par la culture de ladite masure que j'ai faite avec » une pelle dans différents endroits ; 2° par diverses » petites branches que j'ai cassées aux arbres y existant. » Parvenu dans un petit jardin formé dans ladite masure, » j'ai également bêché avec une pelle pour marquer et » constater la prise de possession..., etc. »

» J'ai eu l'occasion, ajoute ce savant magistrat, de tenir entre les mains et de recueillir un grand nombre de procès-verbaux du même genre, dressés de nos jours ou dans les dernières années qui ont précédé la Révolution de 1789 (1). »

N'est-il pas intéressant de rencontrer à la fois dans le Mâconnais et en Normandie des vestiges de ces usages qui remontent aux premiers siècles de la monarchie !

Malgré les recherches que nous avons faites dans les recueils de *formules* et dans les *cartulaires*, nous n'avons pu découvrir d'exemple positif de la tradition d'une maison par la crémaillère du foyer. Mais quelques rapprochements nous permettront de rattacher ce mode de prise de possession à des traditions tout à fait analogues.

En effet, le but principal que se proposaient les membres de la famille B... était d'arriver à faire du feu dans l'intérieur de l'habitation : c'est le feu allumé et appliqué à un usage domestique qui était à leurs yeux le symbole par excellence de leur prise de possession.

« Dans tous les temps, écrit M. Chassan, le feu a été considéré comme le symbole civil et juridique de la famille, comme représentant plus spécialement soit le chef de la famille, soit la maison ou l'habitation elle-même (2).

» Le Norwégien qui abordait en Islande prenait possession de tout le terrain qu'il pouvait parcourir en un jour, depuis six heures du matin jusqu'à six heures du soir. Il allumait un feu au lieu d'où il partait et à celui où il s'arrêtait.

» L'usage d'éteindre l'ancien feu et d'en rallumer un autre, lorsqu'on prend possession d'une propriété nouvelle, était encore en usage dans ces derniers temps en Allemagne (3). »

« La vulgaire usance en ce pays, écrivait Guy Coquille
» sur le titre des servitudes de la coutume de Nivernais,
» est quand quelqu'un veut changer de domicile, il éteint

(1) (2) *Symbolique du droit*, p. 93.
(3) Michelet, *Origines*, p. 79. Grimm, 194, 15.

» son feu en présence de personnes publiques et va l'allu-
» mer en son nouveau domicile. »

C'est sans doute à cette formalité que fait allusion Ragueau dans son *Indice*, au mot saisie : « En signe de » possession, allumer le feu et faire fumer la cheminée, » ouvrir et fermer les huis, etc... »

L'un des titres les plus intéressants de la loi salique, dont l'autorité et l'influence décisive sur notre ancien droit français sont incontestables, est consacré à la prise de possession d'une maison par un donataire. On y voit que les déclarations les plus solennelles de la part des contractants ne suffisaient pas pour rendre la donation parfaite : la loi exige de plus, non-seulement un mode d'investiture symbolique constaté publiquement, mais encore une mise en possession effective.

Le centenier réunissait la centaine ou l'assemblée du canton. Il la présidait, revêtu des insignes de sa dignité ; le donateur désignait les biens dont il voulait se dessaisir en jetant un rameau dans le sein du donataire en signe de transmission ; ce dernier s'installait dans la maison qui venait de lui être donnée ; il y faisait acte de propriétaire en y hébergeant trois hôtes en présence de témoins. Avant la fin de l'année, les deux parties se présentaient dans un *mall* général ; le donataire restituait au donateur les biens qu'il avait reçus, et il en était de nouveau saisi par le jet du rameau. Voici le texte le plus ancien de ce passage, tel que nous le trouvons dans l'édition de M. Pardessus : « *Et altere tres testes jurati dicere debent quod in casâ* » *illius qui fortuna sua donavit ille in cujus laisu fistuca* » *jactata est ibidem mansisset, et hospites tres vel amplius* » *ibidem collegisset, et in beodum pultis manducassent et* » *testes collegissent*... (1) »

Des prescriptions aussi précises, des usages aussi solennels ont laissé des traces, sinon dans la législation, du moins dans la mémoire des populations ; l'usage d'in-

(1) Pardessus, p. 26. L. *Salique*, tit. XLVI, *de Hac famiren ; Lex Emendata*, tit. XLVIII.

viter sa famille et ses amis, de pendre *la crémaillère* dans une maison que l'ont vient d'acquérir, se rattache, suivant toute probabilité, à la législation qui ne considérait le donataire comme légitime propriétaire qu'autant qu'il avait donné à manger à trois personnes au moins dans son nouveau domicile. Ces souvenirs sommeillent dans les campagnes et ne se révèlent que de loin en loin. L'étude que nous venons de faire est sans doute du domaine presque exclusif de l'histoire du droit et de l'érudition ; mais en même temps, on voit, par les documents que nous avons recueillis, que tout, dans cet ordre d'idées, n'est pas absolument dépourvu d'intérêt actuel. Considérés comme un fait isolé, les actes d'agression constatés devant le tribunal de Mâcon ne paraissent être que des représailles exercées contre un particulier, représailles dépourvues de sens, l'effet d'un caprice bizarre. Nous croyons, au contraire, avoir démontré que ces pauvres gens avaient agi avec réflexion, que chacune de leurs démarches avait une signification importante à leurs yeux, et qu'ils faisaient de la symbolique en action.

Il n'est pas toujours possible de déterminer l'origine ou la signification de certains usages dont la persistance jusqu'à nos jours est une énigme.

Un juge d'instruction qui se tenait en garde contre l'altération possible de la vérité de la part des témoins avait fait une remarque assez singulière : quelques-uns d'entre eux ne se regardaient pas comme liés par leur serment lorsque, en prononçant la formule sacramentelle, ils avaient tenu les doigts de la main droite un peu écartés. Aussi ce magistrat ne manquait pas d'obliger les témoins qu'il entendait à tenir leurs doigts rapprochés les uns des autres lorsqu'ils levaient la main. Quelle idée ces individus attachaient-ils à l'écartement des doigts ? C'est là un préjugé assez difficile à expliquer ; mais une dernière citation empruntée à l'ouvrage de M. Chassan démontre que, avant le XIVe siècle, le législateur avait pris les mêmes précautions que le juge d'instruction du XIXe contre la mauvaise foi des témoins, en traçant avec minutie les formalités de la prestation de serment. « On voit, par une ordonnance du roi Jean, de l'année 1350, qu'à Lille, si, en prêtant serment, on élevait la main plus haut que l'usage ne le prescrivait, ou si on n'appuyait pas son pouce dans le creux de la main, les coutumes de la contrée attachaient à ce défaut d'observance la peine de nullité et la perte même du procès ; véritable fétichisme de la forme, etc. (1) »

Le roi Jean était-il plus sage que l'ancienne coutume, lorsqu'il abrogeait ces formalités ? Ce qui résulte de son ordonnance, c'est que les légistes qui la rédigeaient ne comprenaient pas mieux que nous ne le faisons aujourd'hui pourquoi, dans la pensée de certaines gens, la validité d'un serment peut dépendre de l'écartement ou du rapprochement d'un doigt de la main.

Ce dernier exemple nous montre du moins qu'il ne faut rien négliger de ces traditions, de ces préjugés qui se sont perpétués pendant des siècles, malgré les révolutions qui se sont accomplies dans les idées, dans les mœurs et dans la législation.

(1) Chassan, p. 187.

www.ingramcontent.com/pod-product-compliance
Lightning Source LLC
LaVergne TN
LVHW050512160826
845677LV00003B/1097

* 9 7 8 2 3 2 9 6 3 5 9 8 9 *